THÉATRE DU VAUDEVILLE.

BERTRAND C'EST RATON

VAUDEVILLE EN UN ACTE

DE M. DESLANDES

Représenté, pour la première fois, à Paris, sur le théâtre du VAUDEVILLE, le 5 mai **1854**.

PRIX : 60 CENTIMES.

Paris

BECK, LIBRAIRE, RUE DES GRANDS-AUGUSTINS, 20

1854

www.ingramcontent.com/pod-product-compliance
Lightning Source LLC
LaVergne TN
LVHW010331230826
846091LV00009B/3818

9782011905222

BERTRAND C'EST RATON

VAUDEVILLE EN UN ACTE,

De M. DESLANDES

Représenté, pour la première fois, à Paris, sur le théâtre du VAUDEVILLE, le 5 Mai 1854.

PERSONNAGES.	ACTEURS.
RATON, maître carrossier	MM. HOFFMANN.
BERTRAND, son commis	ALLIÉ.
M. DUPERRIER, homme d'affaires	DESORMES.
COLOMBE, sa fille	Mlle CÉCILE.
MICHEL, ouvrier carrossier	MM. BACHELET.
BATISTE, idem	ZELGER.
GEORGES, idem	LANGE.

NOTA. S'adresser pour la musique exacte, à M. TARANNE, copiste du théâtre, rue Montmartre, 15.

Toutes les indications sont prises de la droite et de la gauche du public.

Le théâtre représente un bureau assez élégant, porte au fond; à droite au deuxième plan, une porte, une cheminée au premier, un canapé et un guéridon au fond; à gauche, porte au deuxième plan, un coffre-fort au premier, un buffet au fond, un bureau faisant face au public, deux fauteuils et quatre chaises; sur le coffre-fort, des statuettes, une pendule et deux vases sur la cheminée; tout ce qu'il faut pour écrire, et des livres de commerce sur le bureau.

SCÈNE PREMIÈRE.

(Au lever du rideau les ouvriers chantent dans la coulisse; Bertrand range sur le théâtre, il est interrompu par Georges, qui vient lui parler à voix basse; Bertrand va au bureau, consulte des papiers et en donne un à Georges, celui-ci rentre à l'atelier.)

CHŒUR *de l'Aumônier du régiment.*

Preste, leste, vite à l'ouvrage,
Preste, leste, bon ouvrier.
Jamais la force (*bis*) et le courage (*bis*)
Ne manqueront au carrossier.
Gaîté sans fin
C'est le refrain
Du carrossier.
Pan, pan, pan, pan, pan, pan.

BERTRAND, *regardant autour de lui.* Voyons! tout est-il bien rangé?.. Oui, non, ces statuettes feront mieux là. (*Il les change de place.*) Là, quand M. Duperrier et mademoiselle Colombe viendront, ils verront au moins un bureau décoré avec goût. M. Bertrand, vous êtes un habile homme, je suis content de vous; voyons si je suis content de votre physique. (*Il se regarde dans la glace.*) Pas mal, et quand vous aurez votre belle robe de chambre à ramages, vous aurez tout à fait l'air d'un chef de maison. En vérité, je m'admire... Entré ici pour tout faire, je me suis, avec la patience du cloporte, peu à peu élevé à la place de commis, puis j'ai su m'arranger de manière à ce que M. Raton ne pût plus se passer de moi. Mais rester commis! allons donc! Toutes mes batteries sont dressées, il faut que je sois associé, il faut que j'épouse mademoiselle Duperrier, il faut que je sois riche et... au fait pourquoi pas? il faut que je me rende seul patron de cet atelier de carrosserie, que diable! A quoi servirait-il d'avoir du physique, de l'intelligence, s'il me fallait végéter sous les ordres d'un... Raton.

Air de *Marianne.*

Donnons l'essor à mon génie,
J'étouffe en un espace étroit,
C'est reconnu, dans cette vie
Tout doit servir à l'homme adroit.
Père crédule
Et ridicule,

Fille assez bien, mais peu fine en un mot.
Naïf, honnête,
Raton plus bête
Croit à l'honneur, croit au bien, pauvre sot!
Envers vous, niais que vous êtes,
Plus de scrupules puérils.
Attention! je tiens les fils
De ces marionnettes.

Ah! ces vers que j'ai commencés pour mademoiselle Colombe... (*Il va au bureau et compose.*)

L'astre des nuits, de son paisible éclat,
En tremblotant, argentait ma croisée...

(*Cherchant.*) Ma croisée...

SCÈNE II.

BERTRAND, RATON; *il est en tablier de travail en cuir.*

RATON, *entrant* (1). Ah! Bertrand, je... oh! il est occupé... je... bon... il bougonnerait... je... je reviendrai... pourtant... il faut... Bertrand, mon commis, je te demande bien pardon... je te dérange...

BERTRAND, *sans l'écouter.*

Ma croisée...
Et le sommeil fuyant de mon grabat.

RATON, *timidement.* C'est que vois-tu la calèche est terminée, et...

BERTRAND. C'est bien. (*Continuant.*)

De mon grabat,
Me laissait seul, seul avec ma pensée!

RATON. Quelle voiture faut-il attaquer, hein?

BERTRAND, *brusquement.* Vous voyez bien que je suis occupé...

RATON. C'est juste, je reviendrai. J'ai tort, là... ah! tu sais, mon petit Bertrand, que quand je n'y suis pas forcé... c'est des factures que tu fais?.. (*Il lit par dessus son épaule.*) L'astre des nuits de... que le diable m'emprunte dix-sept sous, tu fais des vers.

BERTRAND, *se levant, avec humeur.* Eh! oui, mais avec vous, on ne peut...

RATON, *avec compassion.* Pauvre Bertrand! faire des vers!.. il n'est pourtant pas bête... (*Regardant les statuettes.*) Tenez, ces petits bonshommes qu'il... est-ce qu'il aurait une fuite dans le coco? que ce serait dommage!..

BERTRAND, *brusquement* (2). Enfin, que voulez-vous?.. (*Raton se met à rire.*) Et qu'avez-vous à rire?..

RATON, *riant* (3). Non, je ris parce que je pense que si Batiste me parlait comme tu me parles... quelle occasion pour moi, qui depuis si longtemps ai envie de le déguster!..

BERTRAND. Vous battre avec vos ouvriers!

RATON, *se fâchant.* De quoi! de quoi! mes ouvriers, c'est mes enfants!.. je suis leur père, pourquoi ne nous battrions-nous pas ensemble?

BERTRAND. Enfin ça vous convient...

RATON. Il y a aussi Michel! en voilà un solide! que j'aimerais à me payer ce gaillard-là.

BERTRAND. Voyons, vous dites que la calèche est terminée?..

RATON. Ah! quel bijou! si j'étais riche je l'achèterais et j'irais en omnibus plutôt que de me mettre en dedans, de peur de l'abîmer... que faut-il que je...

BERTRAND, *à part.* Voyons... attaquons brusquement la position... (*Haut.*) Monsieur Raton nous avons douze voitures de commande.

RATON. Douze?.. on va passer les nuits et...

BERTRAND. Mais je ne dois pas vous cacher qu'on vous doit de tous côtés, qu'il faut de fortes avances pour ces nouvelles commandes, et que nous n'avons plus de fonds.

RATON. Ah! ça, mon garçon, ça te regarde... tu mènes tout ça, tu me commandes, j'exécute, ainsi...

BERTRAND. Si vous n'avez pas de fonds à m'avancer, il faut remercier ces commandes...

RATON. Renvoyer de l'ouvrage!.. mais la maison serait flambée!.. voyons, mon petit Bertrand... toi qui as tant de ressources dans l'imaginative, tire-moi de là... c'est ton ouvrage ça d'ailleurs.

BERTRAND, *avec aplomb.* Aussi, j'y ai pensé... je vous suis si dévoué. (*A part.*) Voici le moment. (*Haut.*) Je vais vous marier...

RATON, *effrayé.* Hein?.. allons donc! pas de bêtises.

BERTRAND, *riant, à part.* J'étais sûr qu'il refuserait. (*Haut.*) Une femme vous apportera une dot, avec cette dot, vous pourrez marcher. J'ai trouvé votre affaire.

RATON. Dame, si tu te charges de maquignonner ça... car, vois-tu, s'il me fallait faire la cour à une femme... Dame... maquignonne, maquignonne.

BERTRAND, *à part.* Diable! (*Haut, indifféremment.*) C'est ça... oh! mon Dieu! je sais bien qu'une femme dépense souvent plus qu'elle n'apporte; je sais bien que si on n'est pas toujours aux petits soins auprès de certaines femmes elles vous... Eh bien! que diable, vous serez aux petits soins, et si plus tard, elle est la cause de la perte de la maison, vous n'aurez rien à vous reprocher... je sais bien qu'il peut venir une douzaine d'enfants... Eh!.. on travaille jour et nuit pour les élever. Il faut avant tout vous sortir du mauvais pas où vous êtes; d'ailleurs, peut-être tomberez-vous bien avec celle que je vous destine.

1 B. R.
2 R. B.
3 B. R.

RATON. Ah çà! tu me fais pour... et... cette femme?..

BERTRAND. N'est vraiment pas trop mal. Son père... un homme d'affaires, un spéculateur fort à son aise, m'avait bien fait entendre, qu'actif, intelligent, assez bien de ma personne, je pourrais plaire à sa fille, et qu'une association avec vous... mais avant tout j'ai dit non... le patron est là : qu'il l'épouse.

RATON. Bertrand, voilà un dévouement!.. Bertrand!.. pousse-le jusqu'au bout. Cette femme peut manger plus que sa dot... Me vois-tu aux petits soins... moi... non, je ne pourrais pas... et je serais... et puis une douzaine d'enfants dans les jambes... Bertrand épouse cette femme, tu seras mon associé...

BERTRAND, *à part.* Allons donc... (*Haut.*) Dame écoutez donc, ce que vous me demandez là.

RATON (1). Tu peux bien faire ça pour moi!.. songe donc, douze voitures de commande.

BERTRAND, *se faisant prier.* Non, d'abord, vous concevez, on me connaît peu, je n'ai personne pour faire valoir les avantages d'une union avec moi, et...

RATON. Est-ce que je ne suis pas là? donne-moi l'adresse de ce monsieur... monsieur?

BERTRAND. M. Duperrier... oh! c'est inutile... il doit venir ici sous un pretexte quelconque, pour visiter l'établissement, pour vous voir, et...

RATON. Eh bien! laisse-moi faire, et je dirai tant de bien de toi... (*A part.*) C'est mal ce que je fais là, l'exposer à... c'est égal... voilà un dévouement.

BERTRAND, *à part.* C'est trop aisé de le duper! n'importe, soyons son associé, si je ne peux pas tout de suite le mettre dehors... pourtant j'avais déjà dressé mes batteries en conséquence... enfin, nous verrons. (*Haut.*) J'ai pensé qu'il serait peut-être convenable de leur offrir quelques rafraîchissements, et...

RATON (2). Eh bien! c'est ça. Dis donc, par quelle calèche allons-nous commencer? c'est toi qui règles tout ça ; moi, je vais à l'atelier. J'ai surpris des chuchotemens... je crois qu'il y en a qui voudraient de l'augmentation... si ça pouvait être Michel ou Batiste!! que j'aimerais à me les offrir! mais non, je n'ai pas de bonheur. Bertrand! tu me donnes là une preuve d'amitié!.. vois-tu, quelquefois... qui sait... dame, ça peut se trouver.

Air : *Rabats ta .....*

J' suis pas reconnaissant à demi,
Bertrand! tu me rends un service;
Il n'est qu'un bon garçon qui puisse
Ainsi se conduire en ami.
Si jamais tu t' trouv' compromis
Dans quelqu' disput' dame, ça peut-être,
Pour te défendre, cher commis,
Tu verras que j' suis passé maître.
C'est qu'en fait d' ça, j' suis passé maître.

ENSEMBLE.

J' suis pas reconnaissant à demi.

BERTRAND.

Mais n'agissons pas à demi,
Il faut que ce pauvre homme puisse
Croire que je lui rends service
Et que j'agis en bon ami.

SCÈNE III.

BERTRAND, *seul.* Vivat! ça va mieux! ah! ce fauteuil, ainsi... vite ma robe de chambre! où est-elle? et ces statuettes, ce n'est plus lui, mais Bertrand qui doit passer pour avoir du goût. A moi la fille! à moi la dot! à moi l'établissement! à moi la clientèle.

DUPERRIER, *en dehors, à un ouvrier.* Merci... mon garçon, merci!

BERTRAND. Ah! les voici.

SCÈNE IV.

BERTRAND, DUPERRIER, COLOMBE.

DUPERRIER, *il parle très-vite, toujours d'un air très-affairé.* Ah! ce cher monsieur Bertrand! ce cher monsieur Bertrand.

BERTRAND. Monsieur Duperrier! Mademoiselle Colombe! que je suis donc fier de l'honneur que vous me faites!.. (*A part.*) Où est donc ma robe de chambre.

DUPERRIER. Votre établissement me paraît très-vaste, très-vaste! pour combien avez-vous de loyer?..

BERTRAND (1). Ah! tout à l'heure vous visiterez mes ateliers... Mademoiselle, donnez-vous donc la peine de vous asseoir.

COLOMBE. Mais si... ce monsieur... Raton, je crois, vient...

DUPERRIER. Peuh! peuh! c'est un crétin, un crétin... à ce que m'a dit monsieur Bertrand.

BERTRAND, *ils s'asseyent.* Ne vous préoccupez pas de lui. Il donne son nom à la maison voilà tout. Mais il ne se mêle de rien que de ses ouvriers... dame! vous concevez... pas d'éducation.

COLOMBE, *riant.* Comment, vraiment, c'est un...

BERTRAND. Monsieur votre père a dit le mot; un crétin! mais ne parlons pas de lui... mais de vous. Ah! tenez, mon rêve est de vous faire faire

1 B. R.
2 B. R.

1 B. C. D.

le plus joli coupé... car je veux que ma femme brille entre toutes les femmes.

COLOMBE. Vraiment! vous êtes d'une amabilité...

DUPERRIER. Pour combien d'affaires faites-vous par an?

BERTRAND. Pour cent mille francs, soixante pour cent de bénéfices et je pourrais faire monter cela au double, si j'étais seul... mais vous concevez... j'ai les bras liés... quand on a affaire à un homme qui...

DUPERRIER. Eh! que diable! il ne faut pas qu'une fausse délicatesse, si vos intérêts vous le commandent...

BERTRAND, *à part*. Il y vient de lui-même. (*Haut.*) Non je ne ferai jamais cela, je ne veux pas abuser de ma position, de mes avantages, car enfin, les clients ne connaissent que moi, et la délicatesse...

DUPERRIER. Que vous êtes neuf! que vous êtes neuf!

BERTRAND. Vous me direz qu'ayant une jolie petite femme qui parlerait aux pratiques tandis que moi, je veillerais aux ateliers qui marcheraient bien mieux que guidés par une bête. Mais mes scrupules.

DUPERRIER. Enfant!.. enfant!

BERTRAND, *ils se lèvent* (1). Est-ce que vous me ferez l'honneur d'accepter une tasse de thé?..

COLOMBE, *riant*. A une condition, c'est que ce M. Raton viendra, je suis impatiente de voir cette pauvre incapacité.

DUPERRIER. Est-ce bien nécessaire?

COLOMBE. Dame! nous sommes chez lui.

BERTRAND. Je vais vous le faire venir. (*A part.*) D'ailleurs, d'après les craintes que j'ai jetées dans son esprit, il va me vanter à un point!.. oh!.. oh! ça va bien. Allons, sautez, marionnettes, sautez pour Bertrand. (*Haut.*) Je vais donner des ordres. Vous permettez?..

DUPERRIER. Comment donc, les affaires sont les affaires, je ne connais que ça...

BERTRAND. Ah! Mademoiselle, ce jour est le plus beau de ma vie.

Air de *Méridien* (Voici l'heure de la Fête).

BERTRAND.

Veuillez donc, veuillez m'attendre.
J'y compte! tout ira bien,
Bientôt nous allons reprendre
Cet important entretien.
(*A part.*)
Il va, simple et débonnaire,
Au devant de mes désirs.
Les crédules sur la terre
Sont pour nos menus plaisirs.

COLOMBE.

M. Bertrand est bien tendre,
Je crois qu'il me plaira bien.
Est-il franc? sachons attendre
Et surtout ne pressons rien.

DUPERRIER.

Adieu donc, adieu, mon gendre,
Croyez-moi, tout ira bien,
Bientôt nous allons reprendre
Cet important entretien.

SCÈNE V.

DUPERRIER, COLOMBE.

DUPERRIER, *écrivant sur un carnet*. Cent mille francs d'affaires à soixante pour cent, doubler au besoin, ça ferait...

COLOMBE. Que calculez-vous donc, mon père?

DUPERRIER, *continuant*. En donnant une dot de... de plus plaçant des fonds pour une somme de... avec intérêt dans les bénéfices, bonne affaire, bonne affaire.

COLOMBE. Il est très-bien, M. Bertrand...

DUPERRIER (1). Tu trouves? ça ne peut pas nuire dans une affaire de ce genre. (*Écrivant.*) On pourrait offrir une indemnité pour la clientèle.

COLOMBE. Mais ne trouvez-vous pas qu'il a dans la physionomie quelque chose qui n'est pas bien franc?

DUPERRIER. Je n'ai pas remarqué. (*Écrivant.*) Une indemnité! serait-ce nécessaire de donner à ce crétin de Raton une indemnité pour la clientèle que... bah! supprimons l'indemnité... Ainsi cent mille francs d'affaires.

SCÈNE VI.

LES MÊMES, RATON, *une robe de chambre par dessus son tablier de cuir* (2).

RATON, *saluant*. Monsieur, Mademoiselle, je suis. (*Il se détourne pour rire.*) Bertrand m'a dit.. (*Il se détourne pour rire encore.*)

DUPERRIER, *vexé*. Ah ça! qu'est-ce qu'il a donc à me rire au nez?

RATON. C'est moi qui suis le bourgeois de Bertrand.

COLOMBE, *avec hauteur*. Son... bourgeois...

RATON. Pour lors... il m'a dit que vous étiez là. (*Il se détourne pour rire.*) Moi, j'hésitais d'abord à venir comme ça... (*Ils se regardent, Colombe et lui, et partent d'un éclat de rire.*) Eh bien! j'aime mieux ça; c'est plus drôle.

DUPERRIER. Ah çà! me direz-vous, Monsieur?..

1 B. C. D.

1 C. D.
2 C. D. R.

RATON. Vous ne voyez donc pas? Je me suis déguisé... je me suis mis en turc.

DUPERRIER, *à sa fille*. M. Bertrand avait raison, c'est un crétin.

COLOMBE. Je commence à le croire.

RATON, *à part*. J'ai trouvé ça sous ma main... Bertrand m'a tant recommandé d'être aimable avec eux... J'avais peur qu'on ne crie à la chianli, mais non.

DUPERRIER. Allons, viens, ma fille, allons rejoindre M. Bertrand.

COLOMBE, *bas, riant*. Je t'en prie, petit père, laisse-moi seule avec ce pauvre monsieur Raton, il a l'air si simple.

RATON. L'houppelande fait son effet... Ils sont saisis.

DUPERRIER, *bas, à Colombe*. Eh bien! c'est ça, reste. Nous allons parler affaires avec M. Bertrand... Ainsi, il te plait?..

COLOMBE. Dame! il ne me déplaît pas, mais...

DUPERRIER. C'est tout ce qu'il faut pour un mari.... (*A Raton.*) Monsieur, je voudrais parler à...

RATON. A mon commis? Je vais aller le chercher.

DUPERRIER. Non, non, restez avec ma fille.

RATON, *galamment*. Si je ne puis faire autrement, c'est avec plaisir.

DUPERRIER, *en sortant*. Oui, oui, il faut faire violence à la délicatesse de M. Bertrand... en affaires il faut ça.

ENSEMBLE.

Air de danse espagnole la *Jota aragonaise* (Deux Anges).

RATON.

Allons, il me laisse.
La délicatesse
Veut que je m'empresse
A fair' le galant.
Jamais de la sorte
Je ne me comporte.
Que le diable emporte
Mon ami Bertrand.

DUPERRIER.

Allons, je vous laisse,
Car le temps me presse.
Jamais la paresse,
Moi, ne me surprend.
L'intérêt l'emporte,
Il faut que je sorte.
Oui, faisons en sorte
De revoir Bertrand.

(*Il sort.*)

COLOMBE.

Mon père me laisse,
Il tient sa promesse,
Ceci m'intéresse,
Attendons gaîment.
Dailleurs que m'importe
La gaîté l'emporte.
Oui, faisons en sorte
De rire un moment.

SCÈNE VII.

RATON, COLOMBE.

RATON, *à lui-même*. Rester seul avec une femme!.. c'est la première fois... Bah ! c'est pour le compte de Bertrand... faisons son article puisqu'il a l'extrême bonté de me donner cette preuve d'amitié.

COLOMBE, *le regardant*. C'est dommage!.. il n'est pas laid!.. il y a même dans sa physionomie quelque chose de franc!..

RATON. Faisons l'aimable!.. Donnez-vous donc la peine de vous asseoir...

COLOMBE, *s'asseyant à droite*. Vous saviez donc que nous devions venir?..

RATON, *galamment*. Oh! Bertrand m'a parlé de vous... Il m'avait même dit que vous n'étiez pas par trop mal.

COLOMBE, *se levant*. Comment! il vous a dit?..

RATON. Je trouve que vous êtes mieux que ça. Asseyez-vous donc!..

COLOMBE. Quoi! M. Bertrand aurait dit?..

RATON. Il a beau soutenir qu'une femme dépense plus qu'elle n'apporte, je suis bien sûr que ce n'est pas vous qui... et que quand on n'est pas aux petits soins, elle vous... je suis bien sûr que ce n'est pas vous qui... (*A part.*) Si je ne suis pas galant!.. ma foi...

COLOMBE, *se levant*. Ah! M. Bertrand prétend?..

RATON. D'ailleurs, il avoue lui-même que le hasard peut faire bien tomber...

COLOMBE, *à part*. Oui, M. Bertrand a dit tout cela, l'air de franchise de ce... benêt...

RATON. Si vous saviez comme il est bon garçon!.. c'est à un point que je me fie à lui pour la marche de la maison!.. je ne m'occupe que de mes ateliers, parce que.... voyez-vous, mes ouvriers.... c'est mes enfants.... mais pas une douzaine d'enfants qui vous emberlificotent les jambes, comme Bertrand prétend que dans le mariage... mais des enfants solides, si ça ne marche pas droit, je te les taraude!.. je les ai tous passés en revue; il n'y a que Batiste et Michel, ce sont les plus solides. Eh bien! je n'ai jamais pu trouver l'occasion de jouer avec eux... mais, il ne s'agit pas de ça... parlons de Bertrand... Voyez-vous, Bertrand, c'est un...

SCÈNE VIII.

LES MÊMES, GEORGES.

GEORGES. Bourgeois! Batiste et Michel ne veulent pas travailler... ils exigent six francs, au lieu de cent sous, par jour... sans ça...

RATON, *avec enthousiasme* (1). Enfin!.. Ah! venez donc, Mademoiselle, vous allez voir quelque chose de drôle.

COLOMBE. Mais, Monsieur, j'attends mon père qui...

RATON. Quel dommage! il y a si longtemps que je cherchais cette occasion-là!.. j'y vas. Attendez-moi, nous reprendrons la conversation sur Bertrand!... (*A part.*) J'aurais pourtant voulu qu'elle fût témoin!.. Enfin!.. j' vas les régler... (*Il jette sa robe de chambre sur le canapé et sort.*)

SCÈNE IX.

COLOMBE, *seule*. Ainsi, M. Bertrand ne m'épouserait que par calcul... Il ne me trouve pas par trop mal!.. Oh! je suis furieuse!

Air : *Mes yeux disaient.*

Vous ne me trouvez pas trop mal,
C'est être bien bon, je vous jure.
Mais d'alleurs, ça m'est bien égal,
Tout ce que j'entends me rassure.
Ayez des yeux pour ne pas voir.
A bien d'autres, je saurai plaire.
Trouvez-moi laide... mon miroir
Me dit vraiment tout le contraire.
Laide! oh! non, Monsieur, mon miroir
Me dit vraiment tout le contraire.

(*Elle s'assied près du bureau.*) Qu'est-ce que c'est que ça? des vers!.. Oh! ma foi, la curiosité!..

« L'astre des nuits, de son paisible éclat.
« En tremblotant, argentait ma croisée,
« Et le sommeil fuyant de mon grabat,
« Me laissait seul, seul avec ma pensée... »

Mais ces vers sont fort jolis.... Allons, je vais croire à des propos, que cet homme stupide... Oh! non... celui qui a fait de si jolis vers...

SCÈNE X.

COLOMBE, RATON.

RATON. Eh bien! Batiste reste.

COLOMBE. Batiste?..

RATON. Je lui ai dit, tu veux gagner six francs, toi?.. En garde... si tu me donnes une poignée tu les auras; si tu la reçois, tu resteras à cent sous... Accepté... Il a reçu sa danse, et il reste. Michel était parti, mais on a couru après lui, lui faire la même proposition... Que voulez-vous?.. ce sont mes enfants!..

COLOMBE. Monsieur Raton! Pourriez-vous me dire ce que c'est que ces vers?

RATON, *à part*. Bon! quand elle va savoir qu'il est assez bête pour faire des vers, elle va le prendre en grippe et adieu le mariage!.. (*Haut.*) Ah! ces... ces... vers?... (*A part.*) Ah! quelle idée!.. (*Haut.*) C'est moi qui les ai faits.

COLOMBE, *étonnée*. Vous?..

RATON. Dame! vous concevez, quelquefois on s'embête... alors... (*A part.*) C'est dûr d'endosser les sottises des autres.... Ah! bah! il se dévoue, dévouons-nous.

COLOMBE.

Air de la *Sentinelle.*

L'astre des nuits, de son paisible éclat..
L'astre des nuits...

RATON.

Comm' qui dirait la lune.

COLOMBE.

Oui, oui, Phœbé...

RATON.

Mais non, un soleil plat,
Usé, râpé, qui n' se montr' qu'à la brune,
Ce vieux soleil paraît quand l' jour s'enfuit.
Ce feignant-là, dans les nuages se vautre,
Et le bon Dieu qui tout conduit
Maintenant ne s'en sert plus que la nuit,
Afin d' ménager un peu l'autre.
Ça ménag' l'autre.

COLOMBE, *à elle-même*. Quoi! cet homme, que l'on croit si bête, fait ces jolis vers!.. et puis, il y a une espèce de poésie burlesque dans sa manière de...

RATON. Oh! non, ce n'est pas Bertrand qui s'amuserait à ces bêtises-là, il est trop sérieux... Dame! moi, vous concevez, je... (*A part.*) C'est égal, je suis honteux qu'elle me croie assez épais pour... (*Haut.*) Bertrand, voyez-vous...

COLOMBE. Je vous demande pardon, Monsieur, il faut que j'aille rejoindre mon père. (*En s'en allant; à elle-même.*) C'est singulier...

SCÈNE XI.

RATON, *interdit*. C'est ça, elle ne veut plus rester avec un homme qui fait des vers.... Hein?.. sans moi, ce pauvre Bertrand était coulé... et c'eût été dommage pour lui, car c'te petite femme-là... Veux-tu bien te taire, gros jobard... fais tes voitures, tu n'es bon qu'à ça.... C'est égal, ça ne m'empêche pas de dire... c'te petite... femme-là...

1 G. C. R.

SCÈNE XII.

RATON, BERTRAND, GEORGES.

BERTRAND, *avec empressement.* Georges... vite, vite, la table, le thé, les gâteaux. (*Georges rentre tout de suite avec un thé, servi sur un plateau, pour quatre personnes, et des gâteaux sur une assiette.*)

RATON. Ah!.. c'est donc toute suite qu'on va?..

BERTRAND. Aidez Georges, pendant que moi je... mais, où est donc ma belle robe de chambre... Ah!.. et je ne l'avais pas vue!.. (*Il la met.*) J'espère qu'on a l'air d'un chef de maison... Est-ce prêt?..

RATON, *qui a aidé Georges.* Oui, oui, seulement moi, j'ai du vin... je ne bois pas de ça, moi!..

BERTRAND. Y pensez-vous! c'est mauvais ton... (*A part.*) Au fait, tant mieux! on verra la différence... moi, ainsi vêtu, et lui.... Êtes-vous prêt?..

RATON, *qui finit de ranger.* Voilà... voilà... bourgeois. Tiens, que je suis bête... c'est moi qui suis...

BERTRAND. Avez-vous déjà parlé pour moi?..

RATON. Eh!.. oui, mais je suis tout dérangé... C'est égal, tout à l'heure, ça va être encore bien pis, va.

BERTRAND, *à part.* Il ne faut plus qu'il les quitte, dussé-je moi-même... (*Haut.*) Les voilà, allons, allons...

SCÈNE XIII.

LES MÊMES, DUPERRIER, COLOMBE.

DUPERRIER, à *lui-même* (1). En se débarrassant tout de suite du gros imbécile, l'affaire est superbe, superbe!

BERTRAND, *à part.* Fascinons-la par cette tenue aristocratique. (*Haut.*) Mademoiselle Colombe veut-elle me faire l'honneur...

COLOMBE, *partant d'un éclat de rire* (2). Vous mettez la robe de chambre de M. Raton!.... Ah! ah! ah!

BERTRAND, *vexé.* Comment! la...

RATON, *riant.* Oui, tout à l'heure, je suis venu avec... j'étais un peu honteux, parce que... (*Bas.*) Mais ça n'a pas trop nui.

COLOMBE. Pourquoi donc?... cette robe de chambre est très-jolie et fait honneur à votre goût... monsieur Raton... (*A Bertrand.*) Elle n'est pas par trop mal, monsieur Bertrand.

BERTRAND. Que veut-elle dire? (*A Raton.*) Allons, faites donc l'article...

RATON (3). Ah! oui, tenez, Bertrand me tourmente pour faire son article, il a tort, il se recommande de soi seul... c'est le jeune homme le plus rangé, le plus actif, le plus intelligent...

1 B. D. C. R.
2 D. C. R. B.
3 D. C. R. B.

DUPERRIER, *prenant la main de Bertrand.* Cet éloge dans la bouche de Monsieur...

GEORGES, *entrant, bas, à Raton.* Michel est revenu, il accepte les mêmes conditions que Batiste avec n'importe qui...

RATON, *avec joie.* Ah! mon rêve!.. j'y vas... (*Bas, à Bertrand.*) Michel m'attend, je...

BERTRAND, *bas.* Y pensez-vous? au moment où vos éloges...

RATON. C'est que tu ne sais pas... j'ai fait dire à Michel... qui demande de l'augmentation...

BERTRAND, *bas* (1). Si vous quittez, je renonce à tout... Adieu le mariage, adieu la dot, adieu alors l'association.

RATON, *avec dépit.* Il est dit que je ne pourrai pas me payer cet être-là... Eh bien! Georges, dis à Michel...

BERTRAND. J'y vais moi-même. (*Bas.*) Vous concevez... en ma présence, ça vous gêne de dire du bien. (*Haut.*) Je vous demande bien pardon, dans le commerce, on n'est jamais libre, et puis je rougis vraiment que M. Raton... (*A part.*) Sautez, sautez, marionnettes, sautez pour Bertrand. (*Bas, à Raton.*) Chauffez... chauffez... (*Il sort.*)

SCÈNE XIV.

RATON, DUPERRIER, COLOMBE.

RATON, *avec regret.* Une si belle occasion... bah, les affaires d'abord... (*Galamment.*) Donnez-vous donc la peine de vous asseoir, puisque vous aimez l'eau chaude.

DUPERRIER, *bas, à Colombe.* Oh! comme une fois l'affaire faite, nous nous arrangerons pour le mettre à la porte...

COLOMBE, *bas.* Eh bien! je t'assure, père, que cet homme...

RATON, *après avoir préparé les chaises, offre galamment son bras à Colombe.* Acceptez mon jambonneau...

DUPERRIER, *furieux.* Ah! cette expression.

COLOMBE, *partant d'un éclat de rire.* Ah! ah! ah! vous dites?..

RATON, *riant* (2). Mes ouvriers diraient: acceptez mon anse... je trouve ça commun, j'ai préféré dire: acceptez mon jambonneau. (*A part.*) Qu'elle est donc avenante, et qu'il est heureux, ce Bertrand. (*Il verse.*) Est-ce que vous mettez du sucre?.. ça va être d'un fade... enfin, des goûts, des couleurs... moi, j'ai fait apporter du vin pour moi parce que l'eau chaude...

1 D. C. R. B.
2 C. B. D.

DUPERRIER. Je le trouve de plus en plus crétin.

COLOMBE. Et moi de plus en plus amusant!.. (*On entend un grand bruit.*)

SCÈNE XV.

LES MÊMES, BERTRAND, *furieux* (1).

BERTRAND, *déchiré*. C'est une horreur! une infamie!

TOUS. Qu'est-ce qu'il y a donc?..

BERTRAND. Je vais à Michel... Ah çà! je remplace M. Raton, marchez droit, drôle, ou sinon. Ah! c'est avec vous, me dit-il, oui, j'aurais préféré... mais c'est égal... et là-dessus, il m'allonge un coup de poing.

RATON. Que tu pares?..

BERTRAND. Je veux faire une observation... c'était un déluge... un cataclysme...

RATON, *avec regret*. Le fait est que c'est un gaillard!..

COLOMBE, *riant*. Quoi! monsieur Bertrand! vous avez été battu?

RATON, *riant*. T'as donc reçu ta paie! (*Bas.*) Ris donc, t'as l'air bête comme une oie... comment veux-tu que je fasse ton article... Attends, je vas arranger ça. Voyons, faut pas trop se moquer de lui... c'est gentil, c'est intelligent, mais pas fort, je le soupçonne même pas très-brave.. mais puisque je suis là...

COLOMBE. Et vous êtes brave... vous... j'aime ça.

BERTRAND. J'espère qu'il va sortir à l'instant même.

RATON. Par exemple! je l'augmente. Il aura ses six francs, chose convenue... (*Colombe rit.*) C'est sa faute, il a voulu que je reste pour que je fasse son article.

BERTRAND. Je viens pourtant de lui signifier...

MICHEL, *entrant*. C'est donc comme ça, bourgeois que vous tenez votre parole! Monsieur veut me renvoyer parce que je l'ai...

RATON. C'est un malentendu! Michel, il n'est pas lourd, hein?.. pas de moëlleux... Georges, donnez donc un verre, Michel va boire un coup avec nous... (*Il lui verse un verre plein.*) Hein, il n'y a pas d'arêtes, hein?.. trinque avec Bertrand, ne sois pas fier. (*Bertrand est furieux.*)

MICHEL. Il n'y a pas de quoi.

BATISTE, *entrant*. Ah çà! te renvoie-t-on, ne te renvoie-t-on pas, Michel?..

RATON. Par exemple! c'est comme toi, Batiste, si tu partais, maintenant que tu as reçu ta ration...

BATISTE. Elle a été soignée...

RATON. C'est le sort des armes! Georges! un verre! tu feras bien l'honneur à Monsieur et à Mademoiselle de trinquer avec eux.

(1) B. R. C. D.

BATISTE. Certainement. Est-ce que c'est une petite bourgeoise?.. comme ça nous irait. (*Bas.*) poussez donc votre pointe, bourgeois.

RATON, *avec regret*. Non, enfant, c'est Bertrand qui...

MICHEL. Regardez donc comme elle est jolie.

RATON. Ah! oui, qu'elle est... (*Brusquement.*) qu'est-ce que vous faites là?.. voulez-vous filer à l'atelier...

BATISTE. Par où allons-nous commencer?..

RATON, *avec amertume*. Ah! c'est juste; M. Bertrand n'a pas encore donné ses ordres.

BERTRAND, *bas, à Duperrier*. Vous le voyez, rien ne peut se faire sans moi.

MICHEL, *bas, à Raton*. Lancez-vous donc, regardez comme elle est gentille...

RATON, *furieux*. Irez-vous à l'atelier... faut-il que...

TOUS LES OUVRIERS. On y va... on y va...

ENSEMBLE.

Chœur de *Madame Grégoire* (Premier acte).

Nous partons, bourgeois,
Soumis à votre voix, etc.

BERTRAND.

Accompagnez-moi.

COLOMBE.

Maintenant, je croi
Qu'il compte trop sur moi.
Mais rebelle,
A ce prétendu zèle,
Moi, m'associer.
Au pauvre carrossier
Il vaudrait, je crois, mieux se fier.

DUPERRIER.

Maintenant je croi
Qu'il peut compter sur moi
Et son zèle
Est vraiment un modèle.
Sans me défier
Je pourrai me lier
Et signer et nous associer.

RATON.

La rage, je croi
Vient d' s'emparer de moi.
Avec zèle,
Quand il vous appelle,
Il faut se plier.
A qui donc à présent me fier.

SCÈNE XVI.

RATON, *seul; il donne un grand coup de pied dans un fauteuil*. Tiens, attrape ça! toi. Qu'est-ce qu'il m'a fait ce fauteuil?.. que je suis bête! Eh! oui, que je suis bête! qu'est-ce que j'avais besoin de lui donner tant de pouvoir à ce Bertrand, c'est vrai! Est-ce qu'ils croient que je m'aperçois pas que c'est lui qui a l'air d'être le maître, et moi le... C'est bien fait, tu ne peux plus te passer de lui... t'as besoin de fonds... il est joli garçon! fais son article!.. et pourtant!.. une jolie petite femme comme ça!.. je vous l'aurais aimée!.. cré nom... je suis d'une humeur... oh! je serais bon à faire des capotes de cabriolet... je suis assez tané, et j'ai la bêtise d'endosser les vers! oh! c'est être par trop nigaudinos!.. Tiens, elle n'a pas remarqué ces petits bonshommes... j'vas les lui mettre en vue... et si elle dit... qu'est-ce qui s'amuse à de pareilles bêtises; j'y répondrai eh bien! c'est Bertrand, l'homme spirituel, votre futur!.. Futur!.. ce mot-là me... Tiens... qu'elle voie tes bêtises, Bertrand. (*Il les met mieux en vue.*)

SCÈNE XVII.

RATON, COLOMBE (1).

COLOMBE. Tiens, monsieur Raton... qui est-ce qui s'amuse à avoir ces petites statuettes?

RATON, *vivement* (2). C'est... (*S'arrêtant, à lui-même.*) C'est ça, et elle n'en voudra plus, et puis, je serai obligé de remercier les commandes, faute de fonds... et puis... j'ai donné ma parole, après tout.

COLOMBE. Est-ce M. Bertrand qui a eu ce goût-là?..

RATON, *à lui-même.* Bon! déjà un petit air de se fiche du monde... bah, sacrifions-nous encore... (*Haut.*) Non... un jour... je passais.... je... alors... ça m'a paru... et ma foi... (*A part.*) de mentir comme ça, la rue au pain se barre sans permission de l'autorité.

COLOMBE, *à part.* Mais c'est qu'il a beaucoup de goût. Décidément on se trompe sur le compte de ce pauvre garçon. (*Haut.*) Ce petit enfant abandonné... l'orphelin!.. est-ce que c'est une allégorie?..

RATON. S. V. P.? Une allégorie?.. (*A part.*) Dans quel embarras me met ce satané Bertrand! (*Il tombe assis à droite.*)

COLOMBE, *à part.* Pauvre garçon, il a peut-être perdu ses parents. (*Haut, s'asseyant près de lui.*) Est-ce que vous êtes orphelin?..

RATON. Oui, Mademoiselle, j'ai perdu mes parents, mon père... en v'là un crâne carrossier! parce que, voyez-vous, il y a carrossier et carrossier... lui c'était dans la coupe... il vous dessinait une calèche, il vous prenait son bois, et... oui, Mademoiselle, j'ai perdu mon père... ma mère est morte en me mettant au monde, à cet âge-là, j'étais trop jeune pour l'apprécier, de manière que je suis seul... pas un ami.

1 R. C.
2 C. R.

COLOMBE. Pauvre garçon!.. mais vous êtes jeune... vous avez dû aimer...

RATON. Aimer?.. ça aurait été du propre!.. est-ce que j'aurais pu dire un mot aimable à une femme... pardié, s'il ne s'agissait que de dire, bonjour, Mademoiselle, ça va bien? moi aussi, portez vous toujours bien, je paierai le médecin... mais moi... si j'avais été un homme à faire la cour à une femme, c'est pas comme ça que je l'aurais compris.

COLOMBE. Et comment donc?

RATON. D'abord, une femme... pour moi... c'est pas un homme... moi qui tape partout, il me semble que ça doit être gentil de se laisser battre par une petite menote, grosse comme pour deux liards de beurre, qui retomberait de toute sa force, sur une masse épaisse, comme moi... une petite femme, quand ça vous donne un coup de poing, on croit qu'elle vous chatouille, et puis je ne sais pas... mais quand je rêve... car tout brute que je suis, je rêve quelquefois... je me figure... tenez... une petite femme comme vous...

COLOMBE, *se reculant.* Monsieur!..

RATON, *brusquement.* Que vous êtes bête... est-ce que je pense à vous, puisque je ne vous avais jamais vue! eh! bien, il me semble qu'elle me parle... qu'elle me dit... Raton... sois donc moins brusque... et je m'adoucis... Raton, sois donc plus coquet... et je me bichonne... Raton, sois donc plus galant... et là, en idée, je la sers à genoux, tant plus je me la figure faible, tant plus je suis fier, moi, fort comme un bœuf, d'obéir à ce petit trognon-là; quelquefois je m'imagine qu'on l'insulte, et je donne des coups de poing à ébranler les marronniers des Tuileries... d'autres jours, fatigué, éreinté de travail, je monte dans ma chambre tout seul... tout seul?.. non... j'y vois une petite femme... aux cheveux noirs comme... comme les vôtres, supposons... qui de sa petite menote... oh! petite comme la vôtre, essuie mon gros visage couvert de sueur... j'étends les bras pour saisir la taille de c'te petite fée carabosse, mes bras n'embrassent rien du tout, retombent sur mes genoux, j' pousse un soupir comme un soufflet de forge, et je reste une heure comme hébêté.

COLOMBE, *se levant.* Quel cœur!

RATON, *en colère.* Ah çà, vous me faites causer, et Bertrand va bougonner, car c'est mon commis qui est le maître ici...

COLOMBE, *à part* (1). Oh! comme on méconnaît cet homme!.. et on veut lui voler sa clientèle... oh! non... (*Haut.*) Monsieur Raton, il faut vous marier aussi ..

RATON. Merci! vous ne savez pas qu'il faudrait qu'une femme me dise... Mademoiselle une telle, a l'honneur de vous demander en mariage, et les

1 R. C.

femmes sont si chipies! Il n'y en aura jamais une qui dira ça...

COLOMBE, *riant*. Ce n'est pas probable, ou il faudrait que ce fût une femme bien originale.

RATON. Voyez-vous, j'ai laissé la conduite de la maison à Bertrand, je pourrais pas en sortir sans lui... ce matin il me dit: les fonds manquent, vous devriez vous marier... dame, s'il le faut, maquignonne moi ça, puis il m'a fait tant de ragots sur le mariage, qu'il m'en a fait peur, et puis, par dévouement, il m'a dit qu'il se sacrifierait, qu'il connaissait une femme qui n'était pas par trop mal.. Oh! ça, il a menti comme un arracheur de dents; il n'est pas possible d'être plus jolie que vous... oh! un petit bijou comme ça!.. il faudrait le disputer à n'importe qui... en supposant que vous n'êtes pas la femme à Bertrand... j'en mettrais deux avec lui... je me ferais attacher le bras gauche, et je te vous les... il y aurait de quoi rire, allez...

COLOMBE. Si cependant... M. Bertrand vous quittait... comment feriez-vous? si vous n'êtes pas plus au courant...

RATON. Ah! ça, j'avoue que... mais me quitter, est-ce qu'il peut... il me doit tout.

COLOMBE. Enfin, une supposition...

RATON. Eh bien, je... ah çà, me laisserez-vous tranquille!.. c'est vrai, depuis que vous êtes arrivée, je ne sais pas ce que j'ai, vous me mettez de mauvaise humeur... Vous aimez Bertrand, pas vrai?.. eh bien, épousez-le... qu'est-ce que ça me fait, voilà-t-il pas... il aura une tiolée d'enfants... qui... qui... ah! que je voudrais être embêté par c'te marmaille-là... surtout si la mère c'était... ah çà, laissez-moi donc tranquille... je suis d'une humeur! ah! si Batiste et Michel voulaient encore réclamer quelque chose! comme je te vous les... j'vas les asticoter, j'ai besoin de ça, j'étouffe... (*Il sort.*)

SCÈNE XVIII.

COLOMBE, *seule*. Pauvre garçon! si M. Bertrand le quitte, il ne se reconnaîtra plus dans ses affaires, sa maison est perdue!.. oh! non, ça ne doit pas être... et je vais prier M. Bertrand...

SCÈNE XIX.

COLOMBE, BERTRAND, DUPERRIER.

BERTRAND, *à Duperrier*. Eh bien, vous le voyez, tous me suivent, moyennant une légère augmentation.

DUPERRIER. Il ne faudra pas la faire trop forte... ça mangerait les bénéfices.

COLOMBE, *avec ironie*. Eh bien! Messieurs, votre affaire commerciale se conclut-elle?

BERTRAND. Nous sommes tout à fait d'accord.

DUPERRIER. Oui... j'apporte ta dot... des fonds... Monsieur apporte une clientèle; tu tiendras les écritures, et vous ferez une maison excellente.

COLOMBE. Ah! mais je n'aurai pas assez d'intelligence, peut-être, pour comprendre...

BERTRAND. Oh! mais c'est d'une simplicité...

COLOMBE. Mais enfin, expliquez-moi... je veux connaître...

BERTRAND, *la menant à son bureau*. Tenez, voyez ces livres (1)... Doit... avoir... ouvriers...

COLOMBE, *assise, examinant*. Mais, M. Raton est dans une belle position!.. comment se fait-il qu'il manque d'argent?..

BERTRAND, *finement*. Je pouvais opérer facilement... tenez... toutes ces rentrées-là; mais vous concevez, sachant qu'il n'y verrait que du feu, et voulant l'amener à composition.

COLOMBE. Ah! vous êtes bien fin, monsieur Bertrand!

BERTRAND. Je songeais au but, mon mariage avec vous... une association avec lui, car je ne voulais pas...

DUPERRIER. Non, c'est moi qui l'ai convaincu qu'il fallait mieux être seul, qu'il ne devait pas par une fausse délicatesse...

BERTRAND, *à part, riant*. Il croit que l'idée vient de lui... pauvre marionnette!

COLOMBE, *riant*. Ah! c'est vraiment trop adroit, et il est loin de se douter... (*Regardant.*) Ah! voilà les commandes faites...

BERTRAND, *finement*. Oui, mais remarquez que les noms des clients n'y sont pas... (*Tirant de son portefeuille.*) Tenez, voilà la liste...

COLOMBE, *la prenant*. Ah! il est enlacé d'une manière...

DUPERRIER, *avec enthousiasme*. Vous avez le génie du commerce! pourtant j'avoue que ça me fera quelque chose de lui dire...

BERTRAND, *riant*. Bah! bah! bah! un crétin!..

COLOMBE, *à part*. Oh! cet homme n'a pas de cœur!..

SCÈNE XX.

LES MÊMES, RATON.

RATON, *pâle, et le cœur gros* (2). C'est-il vrai, Bertrand, ce que me disent les ouvriers... tu me quittes?..

BERTRAND. Oui, mais écoutez, monsieur Raton, j'ai besoin de faire mon chemin, et...

RATON. Au fait, tant mieux, t'aurais jamais pu être mon associé.

TOUS, *étonnés*. Comment?..

1 C. D. B.

1 B. C. D.
2 D. C. R. B.

RATON. Ah! si ta femme avait été borgne, bossue, bancroche... mais tu vas l'aimer... est-ce qu'on peut la voir sans en être toqué!.. tu l'aurais embrassée devant moi, et... c'est une bêtise, mais ça m'aurait fait un mal...

BERTRAND. Vous voyez donc que j'ai eu raison de...

RATON. D'ailleurs, est-ce que vous croyez qu'on ne peut pas se passer de vous?.. vous me regardez donc comme bien bête!.. mais on s'en passera, mon Dieu!.. et on se mariera, mon Dieu, et on trouvera une femme aussi gentille, mon Dieu... c'est à dire non, il n'y en a pas, mais on l'aimera tout de même... non, on ne l'aimera pas, parce que... mais on sera aux petits soins pour elle, car il ne faut pas croire que... qu'est-ce que vous faites là! je ne vous renvoie pas, je vous prie seulement de vous en aller, que je ne vous revoie plus, monsieur Bertrand, allez faire vos paquets.

BERTRAND. Il faut pourtant que je vous mette au courant de...

RATON. Ne croyez-vous pas qu'on pourrait rien faire sans vous? On se passera joliment de vous tous... Voilà-t-il pas?.. c'est donc bien difficile?.. (*Il va à son bureau.*) Mais c'est clair, très-clair! un enfant s'y reconnaîtrait...

BERTRAND, *bas* (1). Voilà le moment de débaucher les ouvriers; je vais les envoyer à la paie... il n'y a pas aujourd'hui d'argent dans la caisse, et il faut près d'un billet de mille francs...

COLOMBE. Ah! le pauvre garçon!..

RATON, *feuilletant.* Ah! oui, ce n'est pas difficile... Ah çà, me laisserez-vous tranquille?..

COLOMBE. Au revoir, monsieur Raton, au revoir!

RATON. Non, je ne vous... si... au fait... non... excusez... les affaires. (*Il feuillette toujours.*)

DUPERRIER. Allons, viens, laissons là ce pauvre homme.

BERTRAND, *bas.* Dans une heure je serai chez vous.

Air de la *Première maîtresse* (Adieu donc et pour toujours).

BERTRAND.

Ah! combien je suis heureux!
Adieu donc, et dans une heure
J'irai dans votre demeure
Mettre le comble à mes vœux.

DUPERRIER.

Comme vous, je suis joyeux,
Je vous attends dans une heure.
Je pars et dans ma demeure,
Ami, vous serez heureux.

COLOMBE.

A présent, il est joyeux.
Mais cette joie est un leurre,
Il le faut, oui, dans une heure,
Il saura ce que je veux.

(*Ils sortent.*)

1 R. C. B. D.

SCÈNE XXI.

RATON, *seul.* C'est-à-dire que je suis humilié que ça soit si facile!.. Au revoir, monsieur Raton! Avoir la voix si douce et... Qu'est-ce que c'est que ça?.. ah! les comptes du marchand de fer?.. est-ce que je lui dois beaucoup?.. je n'y comprends rien!.. (*Plus haut.*) Pardié! c'est donc bien difficile!.. ça, c'est pour les bois de charronage... va te débrouiller là-dedans!.. ça ne lui aurait pas été difficile à elle... du premier coup d'œil... car elle a un œil... Plus souvent... je veux être seul, tout seul... D'abord, je vas commencer la calèche à six places... ah! oui... mais pour qui?... est-ce que j'y comprends goutte.... eh bien! c'est égal, j'en sortirai tout de même...

SCÈNE XXII.

RATON, BATISTE, MICHEL, OUVRIERS.

RATON, *en colère.* Qu'est-ce que vous venez faire? Pourquoi quittez-vous l'atelier?..

MICHEL. Dame! bourgeois, c'est aujourd'hui jour de paie, et nous venons...

RATON. Ah! oui, c'est juste! (*A part.*) Et Bertrand qui m'a dit qu'il n'y avait pas d'argent!.. (*Haut.*) Ah! oui... eh bien!.. je... Pardié, c'est pas difficile, où... Me v'là dans un pétrin... C'est que Bertrand a les clés de la caisse... eh bien! ce soir, mes enfants, je...

MICHEL, *bas, aux autres.* Ce que M. Bertrand a dit est donc vrai?.. il n'y a pas d'argent... (*A Raton.*) C'est que, bourgeois, voyez-vous...

RATON. Pardié... si j'avais la clé...

SCÈNE XXIII.

LES MÊMES, BERTRAND, *puis* COLOMBE ET DUPERRIER.

BERTRAND. Voilà les clés de la caisse, monsieur Raton.

RATON. Ah! bien!.. bien!.. (*A part.*) C'est à donner sa langue à Azor. Je vas vous dire, mes enfants...

COLOMBE, *entrant avec son père.* Venez-vous, monsieur Bertrand, nous vous attendons.

BERTRAND. Je suis à vous... C'est que M. Raton va faire la paie, et je voulais assister en cas de réclamations...

RATON, *à part.* Devant elle!.. Ah! que j'en ai assez d' ma boule... j' trouv'rai pas quelqu'un qui veuille me la casser...

COLOMBE. Eh bien! payez vite, monsieur Raton, que nous emmènions M. Bertrand.

DUPERRIER, *bas, à sa fille.* Mais, Colombe!

COLOMBE, *bas.* Ne m'as-tu pas laissée maîtresse d'agir? (*A Raton.*) Allons, monsieur Raton!

RATON, *allant ouvrir la caisse.* Pardié oui, qu'on y va. C'est pas difficile de faire la paie, on... (*Aux ouvriers.*) Qu'est-ce qui a soufflé?.. Oh! mais je crois qu'on a soufflé...

BERTRAND, *bas, à Duperrier.* Nous emmenons avec nous tous les ouvriers du coup. (*Pendant ce temps, Colombe s'est approchée de la caisse et s'éloigne.*)

RATON. C'est-y toi, Michel, qui as soufflé?

MICHEL. Non, mon bourgeois!

COLOMBE. Dépêchez-vous donc, monsieur Raton.

RATON. On y va, mon Dieu! on y va. (*Il va à la caisse machinalement.*) Nous disons donc que... Ah! pardié, c'est pas difficile, on prend de l'argent où... (*Il met la main dans la caisse et en retire un billet de mille francs.*) Un billet de..... Et il me disait que... (*Haut.*) Voyons, qu'est-ce qui va me chercher de la monnaie de mille francs?.. (*Stupéfaction générale.*)

BERTRAND, *étonné.* Comment! que signifie?..

MICHEL, *à tous les ouvriers.* On disait qu'il n'avait pas d'argent!

BATISTE. Eh bien! bourgeois, vous ferez la paie ce soir... nous n'avons pas peur.

RATON, *se grattant.* Confiance qui m'honore. Allez toujours, vous voyez, c'est pas difficile, on peut se passer de M. Bertrand... de votre mari...

COLOMBE. Et M. Bertrand peut se passer de vous. (*Bas, à Bertrand, en lui remettant un papier.*) Donnez-lui ce papier...

BERTRAND, *avec joie, à part.* L'acte d'association avec le père, sans doute... (*A Raton.*) Monsieur Raton veut-il prendre connaissance?..

RATON, *ironiquement.* Comment donc!.. (*Il lit.*) « Mademoiselle Colombe Duperrier a l'honneur de demander M. Raton en mariage... » Hein?.. est-une plaisanterie?..

COLOMBE. Ne m'avez-vous pas dit que, pour vous marier, il faudrait qu'une femme vous le demandât elle-même?

RATON. Oui, c'est vrai (1).

COLOMBE. Eh bien! monsieur Raton, je vous demande votre main.

RATON, *joyeux.* C'est-y possible?

BERTRAND, *furieux, à Duperrier.* Me direz-vous?..

DUPERRIER. Que voulez-vous, ma fille m'a fait comprendre que vous étiez trop fin, que vous aviez si bien enferré M. Raton, que vous finiriez par m'enferrer moi-même.

BERTRAND, *à Colombe.* Mais, Mademoiselle...

COLOMBE (2). Que voulez-vous! c'est dans les petites choses qu'on juge souvent un homme!... Tenez, je m'en rapporte à papa, cette robe de chambre... ce n'est rien pourtant... eh bien! je me suis dit... tiens, il a du goût...

BERTRAND. Mais c'était à...

RATON, *bas.* Tais-toi, ou je te casse...

COLOMBE. Par exemple, ces statuettes...

RATON, *à part.* Ah! j'ai eu tort de dire que c'était moi...

COLOMBE. Je les ai trouvées d'un choix exquis... J'ai compris que Monsieur avait le sentiment du beau.

BERTRAND. Pardié, je crois bien... c'était moi qui...

RATON, *bas.* Un mot... et je te mange...

COLOMBE. Quant à certains vers...

RATON, *à part* (1). Ah! voilà le chiendent.

COLOMBE. Je les ai trouvés si jolis...

RATON. Hein? elle...

BERTRAND, *criant.* Mais c'est moi qui...

RATON, *bas* (2). Souffle... je ne te mange plus, je te dévore.

COLOMBE. Je vous remercie donc, monsieur Bertrand, de m'avoir fait venir dans cette maison...

RATON. Le fait est que c'est toi qui es cause de tout, je n'y aurais jamais pensé. Bertrand, tu t'es conduit comme une canaille, mais je ne t'en conserve pas moins la plus vive reconnaissance.

COLOMBE. Vous connaissez la fable de La Fontaine?

RATON. La fable de La Fontaine?

COLOMBE. Bertrand faisait retirer les marrons du feu par Raton... pour les croquer...

RATON.

Air : *Vous avez aimé Taconnet.*

Oui, je me rappelle en effet
Cette fable qu'en mon enfance
Le maître d'école m'apprenait.
J' n'en voyais pas l'esprit; à cet âge, est-ce qu'on pense?
Du pauvr' Raton, Bertrand se fait un jeu.

COLOMBE.

Et croquait tout, pas d'équivoque.
Bertrand, cett' fois, tir' les marrons du feu.

RATON.

Mais, à son tour, c'est Raton qui les croque.
Chacun son tour, n' m'en veux pas si j' les croque.

REPRISE DU CHŒUR.

L'Aumônier du régiment.

Preste, leste, vite à l'ouvrage,
Preste, leste, bon ouvrier, etc., etc.

RATON, *pendant le chœur.* Vous voyez... la boutique marche tout de même sans vous.

1 R. C. B. D.
2 R. B. C. D.

1 B. R. C. D.
2 B. R. C. D.

FIN.

LAGNY. — Imprimerie de VIALAT et Cie.

EN VENTE CHEZ LE MÊME ÉDITEUR

- L'Aïeule. 75
- Un Monstre de Femme. 60
- La Jeunesse de Charles-Quint. 60
- Le Vicomte de Létorières. 60
- Les Fées de Paris. 60
- Pour mon fils. 60
- Lucienne. 60
- Les jolies Filles de Stilberg. 60
- L'Enfant de Chœur. 60
- Le Grand Palatin. 60
- La Tante mal gardée. 60
- Les Circonstances atténuantes. 60
- La Chasse aux Vautours. 60
- Les Batignollaises. 60
- Une Femme sous les Scellés. 60
- Les Aides de Camp. 60
- Le Mari à l'essai. 60
- Chez un Garçon. 60
- Jaket's-Club. 60
- Mérovée. 60
- Les deux Couronnes. 60
- Au Croissant d'Argent. 60
- Le Château de la Roche-Noire. 60
- Mon illustre ami. 60
- Talma en congé. 60
- L'Omelette Fantastique. 60
- La Dragonne. 60
- La Sœur de la Reine. 30
- La Vendetta. 60
- Le Poëte. 60
- Les Informations Conjugales. 60
- Le Loup dans la Bergerie. 60
- L'Hôtel de Rambouillet. 60
- Les deux Impératrices. 60
- La Caisse d'Épargne. 60
- Thomas le Rageur. 60
- Derrière l'Alcôve. 60
- La Villa Duflot. 60
- Péroline. 60
- La Femme à la Mode. 60
- Les égarements d'une Canne et d'un Parapluie. 60
- Les deux Anes. 60
- Foliquet, coiffeur de Dames. 60
- L'Anneau d'Argent. 63
- Recette contre l'Embonpoint. 60
- Don Pascale. 60
- Mademoiselle Déjazet au Sérail. 60
- Toubouli le Cruel. 60
- Hermance. 60
- Les Canuts. 60
- Entre Ciel et Terre. 60
- La Fille de Figaro. 60
- Métier et Quenouille. 60
- Angélique et Médor. 60
- Loïsa. 50
- Jocrisse en Famille. 60
- L'autre Part du Diable. 60
- La Chasse aux Belles Filles. 60
- La Salle d'Armes. 60
- Une Femme compromise. 60
- Patineau. 60
- Madame Roland. 60
- L'Esclave du Camoëns. 60
- Les Réparations. 60
- Mariage du Gamin de Paris. 60
- Veille du Mariage. 60
- Paris bloqué. 60
- Un Ménage Parisien. 1 »
- La Bonbonnière. 60
- Adrien. 60
- Pierre le Millionnaire. 60
- Carle et Carlin. 60
- Le Moyen le plus sûr. 60
- Le Papillon Jaune et Bleu. 60
- La Polka en province. 60
- Une Séparation. 60
- Le roi Dagobert. 60
- Frère Galfâtre. 60
- Nicaise à Paris. 60
- Le Troubadour-Omnibus. 60
- Un Mystère. 60
- Le Billet de faire part. 60
- Pulcinella. 60
- Fiorina. 60
- La Sainte-Cécile. 60
- Follette. 60
- Deux Filles à Marier. 60
- Monseigneur. 60
- A la Belle Etoile. 60
- Un Ange tutélaire. 60
- Un Jour de Liberté. 60
- Wallace. 60
- L'Ecolier d'Oxford. 60
- L'Oiseau du Bocage. 60
- Paris à tous les Diables. 60
- Une Averse. 60
- Madame de Cérigny. 60
- Le Fiacre et le Parapluie. 60
- Morale en action. 60
- Liberté Libertas. 60
- L'Ile du prince Toutou. 60
- Mimi Pinson. 60
- L'Article 170. 60
- Les Viveurs. 60
- Les deux Pierrots. 60
- Seigneur des Broussailles. 60
- Deux Tambours. 60
- Constant la Girouette. 60
- L'Amour dans tous les Quartiers de Paris. 60
- Madame Bugolin. 60
- Petit Poucet. 60
- Camoëns. 60
- Escadron volant de la Reine. 60
- Le Lansquenet. 60
- Une Voix. 60
- Agnès Bernau. 60
- Amours de M. et Mme Denis. 60
- Porthos. 60
- La Pêche aux Beaux-Pères. 60
- Révolte des Marmousets. 60
- Le Troisième Mari. 60
- Un premier Souper de Louis XV. 60
- L'Homme à la Mode. 60
- Une Confidence. 60
- Le Ménétrier. 60
- L'Almanach des 25,000 Adresses. 60
- Une Histoire de Voleurs. 60
- Les Murs ont des Oreilles. 60
- L'Enseignement Mutuel. 60
- La Charbonnière. 60
- Le Code des Femmes. 60
- On demande des Professeurs. 60
- Le Pot aux Roses. 60
- La Grande Bourse et les Petites Bourses. 60
- L'Enfant de la Maison. 60
- Riche d'Amour. 60
- La Comtesse de Moranges. 60
- L'Amazone. 60
- La Gloire et le Pot-au-Feu. 60
- Les Pommes de terre malades. 60
- Le Marchand de Marrons. 60
- V'là ce qui vient d' paraître. 60
- La Loi salique. 60
- Nuage au Ciel. 60
- L'Eau et le Feu. 60
- Beaugaillard. 60
- Mardi Gras. 60
- Le Retour du Conscrit. 60
- Le Mari perdu. 60
- Dieux de l'Olympe à Paris. 60
- Le Carillon de Saint-Mandé. 60
- Geneviève. 60
- Mademoiselle ma Femme. 60
- Mal du Pays. 60
- Mort civilement. 60
- Garde-Malade. 60
- Fruit défendu. 60
- Un Cœur de Grand'Mère. 60
- Nouvelle Clarisse Harlowe. 60
- Place Ventadour. 60
- Nicolas Poulet. 60
- Roch et Luc. 60
- La Protégée sans le savoir. 60
- Une Fille Terrible. 60
- La Planète à Paris. 60
- L'Homme qui se cherche. 60
- Maître Jean. 60
- Ne touchez pas à la Reine. 1 »
- Une année à Paris. 60
- Irène ou le Magnétisme. 60
- Amour et Biberon. 60
- En Carnaval. 60
- Bal et Bastringue. 60
- Un Bouillon d'onze heures. 60
- Cour de Biberack. 60
- D'Aranda. 60
- Femme qui se jette par la fenêtre. 60
- Avocat Pédicure. 60
- Trois Paysans. 60
- Chasse aux Jobards. 60
- Mademoiselle Grabutot. 60
- Père d'occasion. 60
- Croquignole. 60
- Henriette et Charlot. 60
- Le Chevalier de Saint-Remy. 60
- Malheureux comme un Nègre. 60
- Un Vœu de jeune Fille. 60
- Secours contre l'Incendie. 60
- Chapeau Gris. 60
- Sans Dot. 60
- La Syrène du Luxembourg. 60
- Homme Sanguin. 60
- La Fille obéissante. 60
- Tantale. 60
- Deux Loups de Mer. 60
- Olnéa. 60
- La Croisée de Berthe. 60
- La Filleule à Nicot. 60
- Les Charpentiers. 60
- Mademoiselle Faribole. 60
- Un Cheveu blond. 60
- Les Impressions de Ménégo. 60
- L'Homme aux 160 Millions. 60
- Pierret Posthume. 60
- La Déesse. 60
- Une Existence décolorée. 60
- Elle... ou la Mort! 60
- Diderot l'honnête Homme. 60
- L'Enfant de quelqu'un. 60
- Les Chroniques bretonnes. 60
- Haydée ou le Secret. 1 »
- L'Art de ne pas donner d'Étrennes. 60
- Le Puff. 1 »
- La Tireuse de Cartes. 60
- La Nuit de Noël. 1 »
- Christophe le Cordier. 60
- La Rose de Provins. 60
- Les Barricades de 1848. 60
- 34 Francs! ou sinon!... 60
- La Fille du Matelot. 60
- Les deux Pommades. 60
- La Femme blasée. 60
- Les Filles de la Liberté. 60
- Hercule Belhomme. 60
- Don Quichotte. 60
- L'Académicien de Pontoise. 60
- Ah! Enfin! 60
- La Marquise d'Aubray. 60
- Le Gentilhomme campagnard. 60
- Les Peureux. 60
- Le Chevalier de Beauvoisin. 60
- Le Gentilhomme de 1847. 60
- La Rue Quincampoix. 60
- L'Ange de ma Tante. 60
- La République de Platon. 60
- Le Club des Maris. 60
- Oscar XXVIII. 60
- Une Chaîne Anglaise. 60
- Un Petit de la Mobile. 60
- Histoire de rire. 60
- Les vingt sous de Périnette. 60
- Le Serpent de la Paroisse. 60
- Agénor le Dangereux. 60
- Roger Bontemps. 60
- L'Été de la Saint-Martin. 60
- Jeanne la Folle. 1 »
- Les suites d'un Feu d'Artifice. 60
- O Amitié!.. ou les trois Époques. 60
- La Propriété, c'est le Vol. 60
- La Poule aux Œufs d'Or. 60
- Elevés ensemble. 60
- L'Hôtellerie de Genève. 60
- A bas la Famille ou les Banquets. 60
- Daniel. 1 »
- Le Voyage de Nannette. 60
- Titine à la Cour. 60
- Le baron de Castel-Sarrazin. 60
- Madame Marneffe. 60
- Un Gendre aux Epinards. 60
- Madame veuve Larifla. 60
- La Reine d'Yvetot. 60
- Les Manchettes d'un Vilain. 60
- Le Duel aux Mauviettes. 60
- Les Filles du Docteur. 60
- Un Turc pris dans une porte. 60
- Les Grenouilles qui demandent un Roi. 60
- Ce qui manque aux Grisettes. 60
- La Poésie des Amours et... 60
- Les Viveurs de la Maison-d'Or. 60
- Un Troupier dans les Confitures. 60
- Ma Tabatière. 60
- Gracioso. 60
- E. H. 60
- Trompe-la-Balle. 60
- Un Vendredi. 60
- Le Gibier du Roi. 60
- Breda-Street. 60
- Adrienne Lecouvreur. 1 »
- Sans le Vouloir. 60
- Les Femmes socialistes. 60
- Le Mobilier de Bamboche. 60
- Les Beautés de la Cour. 60
- La Famille. 60
- L'Hurluberlu. 60
- Un Cheveu pour deux têtes. 60
- L'Ane à Baptiste. 60
- Les Prodigalités de Bernerette. 60
- Les Bourgeois des Métiers. 60
- La Graine de Mousquetaires. 60
- Les Faubourgs de Paris. 60
- La Montagne qui accouche. 60
- Le Juif-Errant. 60
- Adrienne de Carotteville. 60
- Un Socialiste en Province. 60
- Le Marin de la Garde. 60
- Une Femme qui a une jambe de bois. 60
- Mauricette. 60
- Une Semaine à Londres. 60
- Le Cauchemar de son propriétaire. 60
- Le Marquis de Carabas. 60
- La Ligue des Amants. 60
- Les Sept Billets. 60
- Passe-temps de Duchesse. 60
- Les Cascades de Saint-Cloud. 60
- Lorettes et Aristos. 60
- Les Compatriotes. 60
- Un Tigre du Bengale. 60
- Le Congrès de la Paix. 60
- Les Représentants en vacances. 60
- Les Grands Écoliers en vacances. 60
- Un Intérieur comme il y en a tant! 60
- Le Moulin Joli. 60
- La Rue de l'Homme-Armé. 60
- La Fée aux Roses. 1 »
- Babet. 60
- Un [illegible] sevrage. 60
- Evelyne. 60
- Trumeau. 60
- Mademoiselle Carillon. 60
- L'Héritier du Czar. 60
- Rhum. 60
- Les Associés. 60
- Les Fredaines de Troussard. 60
- Les Partageux. 60
- Daphnis et Chloé. 60
- Malbranchu. 60
- La fin d'une République. 60
- La Croix de Saint-Jacques. 60
- Paris sans impôts. 60
- Un Quinze-Vingt. 60
- Les Gardes françaises. 60
- Les Vignes du Seigneur. 60
- La Perle des Servantes. 60
- Un ami malheureux. 60
- Un de perdu, une de retrouvée. 60
- La République des lettres. 60
- Figaro en prison. 60
- La Dame de Trèfle. 60
- Le Ver luisant. 60
- Les Secrets du Diable. 60
- Deux vieux Papillons. 60
- La Mariée de Poissy. 60
- L'Homme aux Souris. 60
- Le Baiser de l'Etrier. 60
- Planète et Satellites. 60
- Héloïse et Abailard. 60
- Une Veuve inconsolable. 60
- A la Bastille. 30
- Jean Bart. 60
- Les Pupilles de dame Charlotte. 60
- Le Jour de Charité. 60
- Un Fantôme. 60
- Les Nains du Roi. 60

SUITE DU CATALOGUE.

Les trois Racan. 60
Les Sociétés secrètes. 60
Le Chevalier de Servigny. 60
C'en était un. 60
Les trois Dondon. 60
Giralda. »
La première chanson de Gallet. 60
Méphistophélès. 60
L'Alchimiste. 60
Le père Nourricier. 60
Grassot embêté par Ravel. 60
La Société du Doigt dans l'OEil. 60
L'Hôtesse de Saint-Eloy. 60
La Fille bien gardée. 60
Le Jour et la Nuit. 60
Plaisir et Charité. 60
Marié au second Garçon au cinquième. 60
Un Bal en robe de chambre. 60
Né Coiffé. 60
Le Ménage de Rigolette. 60
Le Pont Cassé. 60
Un Valet sans Livrée. 60
Le Paysan. 60
Charles le Téméraire. 60
L'Anneau de Salomon. 60
Supplice de Tantale. 60
Les Infidélités Conjugales. 60
Les Petits Moyens. 60
Les Escargots sympathiques. 60
La Grenouille du Régiment 60
Les Tentations d'Antoinette. 60
La baronne Bergamotte. 60
Les Extases de M. Hochenez. 60
Le Journal pour rire. 60
Le Renard et les Raisins. 50
La Belle au Bois dormant. 60
La Course aux Pommes d'Or. 60
Christian et Marguerite. 60
L'Avocat Loubet. 60
Royal-Tambour. 60
Mam'zelle fait ses dents. 60
Le vol à la Ronlade. 60
La Fée Cocotte. 60
Mon ami Babolin. 60
Le Palais de Cristal. 60
Passiflor et Cactus. 60
Le Duel au Baiser. 60
Les Trois Ages des Variétés. 60
English Exhibition. 60
Blondette. 60
Histoire d'une Rose et d'un Croquemort. 60
L'Agent secret. 60
Drinn-Drinn. 60
Une Paire de Pères. 60
Les Giboulées. 60
Un Monsieur qui n'a pas d'habit. 60
Mignon. 60
La Chasse aux Grisettes. 60
Voilà plaisir, Mesdames. 60
La Vénus à la Fraise. 60
Les deux Prud'hommes. 60
M. Barbe-Bleue. 60
Une Queue Rouge. 60
Le Pour et le Contre. 60
Le Puits mitoyen. 60
Trois Amours de Pompiers. 60
Les Bloomeristes ou la réforme des Jupons. 60
Le Laquais d'un nègre. 60
Les Danseres espagnoles. 60
Madame Schlick. 60
Le Prince Ajax. 60
Les Enfants de la Balle. 60
L'Ami de la maison. 60
La Marquise de La Bretèche. 60
Une Veuve de 15 ans. 60
Une passion à la Vanille. 60
Un service à Blanchard. 60
L'Original et la Copie. 60

Une rivière dans le dos. 60
Cinq Gaillards dont deux Gaillardes. 60
Un Frère terrible. 60
Une Vengeance. 60
Une petite Fille de la Grande Armée. 60
La Fille d'Hoffmann. 60
Un soufflet n'est jamais perdu. 60
Les Femmes de Gavarni. »
La Maîtresse d'été et la Maîtresse d'hiver. 60
Les Echelons du mari. 60
Les Néréides et les Cyclopes. 60
Poste restante. 60
Le Portier de sa Maison. 60
Les Compagnons d'Ulysse. 60
Le Roi des Drôles. 60
La Mère Moreau. 60
La Queue du Diable. 60
Le Bal de la Halle. 60
Méridien. 60
La première Maîtresse. 60
La Jolie Meunière. 60
La tante Ursule. 60
Mademoiselle de Navailles. 60
Prunes et Chinois. 60
Histoire d'une Femme mariée. 60
Les Mystères d'Udolphe. »
Une Poule Mouillée. 60
Sullivan. »
Taconnet. 60
Alice ou l'Ange du Foyer. 60
Marco Spada. »
Tabarin. 60
Les Abeilles et les Violettes. 60
Le Lutin de la Vallée. 60
Le Baromètre des Amours. 60
Habitez donc votre immeuble. 60
Le Miroir. 60
Richelieu. »
On dira des bêtises. 60
Le Carnaval des Maris. 60
Un Festival. 60
Une jolie Jambe. 60
Le Voyage d'une Épingle. 60
Les Amours du Diable. 60
Les Postillons de Crèvecœur. 60
Les Orientales. 60
L'amour, qué qu'c'est que ça? 60
La Vie à bon marché. 60
La Lettre au bon Dieu. 60
L'ombre d'Argentine. 60
Faute de mieux. 60
Cadet-Roussel, Dumollet, Gribouille et Cie. 60
Fraîchement décorée. 60
Sir John Esbrouff. 60
Les Aides de camp du Général. 60
La Bataille de la vie. 60
Mêlez-vous de vos affaires. 60
Les Moustaches grises. »
Les Vins de France. 60
La Dame aux OEillets blancs. 60
Les Trois Gamins. 60
La Peine du Talion. 60
L'Esprit Frappeur ou les sept Merveilles du Jour. 60
Le Mari par régime. 60
Un Cerveau fêlé. 60
La Queue de la Comète. 60
Sur Terre et sur Mer. 60
Mon Etoile. »
Un Fils malgré lui. 60
Mesdames les Pirates. 60
La Fille invisible 60
Un père de Famille. 60
A la recherche d'un Million. 60
Une Rencontre dans le Danube 60
La Femme à trois Maris. 60
Le dernier des Mohicans. 60

Lagny. — Imprimerie de Vialat et Cie